11.50 CHF
5.90 €

Bernhard Ott

DIE KIRCHE

7 Gründe,
warum ich sie liebe

Die Deutsche Bibliothek verzeichnet diese Publikation in der Deutschen Nationalbibliografie; detaillierte bibliografische Daten sind im Internet über http://dnb.ddb.de abrufbar

Umschlaggestaltung: spoon design, Olaf Johannson
Satz: David Neufeld, Schwarzenfeld
Herstellung: AALEXX Druck GmbH, Großburgwedel

ISBN 978-3-937896-34-2
Bestell-Nummer 588 634

www.neufeld-verlag.de

NEUFELD VERLAG

Bernhard Ott

DIE KIRCHE

7 Gründe,
warum ich sie liebe

NEUFELD VERLAG

? Warum …?

»Wir haben viel Know-how,
aber wenig Know-why.«

Roger Willemsen

In dieser Buchreihe nehmen wir die Warum-Frage wörtlich und geben Antwort. Warum ist die Kirche eigentlich so wichtig, wenn es um den Glauben geht? (Und in den anderen Bänden zum Beispiel: Warum lohnt es sich, Jesus Christus nachzufolgen? Warum beten wir eigentlich? Und warum macht es Sinn, in der Bibel zu lesen?) Fundiert und mit überzeugenden Argumenten werben Autoren, die das leben, wovon sie schreiben, darum, die Warum-Frage selbst zum ersten Mal oder ganz neu zu beantworten.

Egal, ob Sie zu diesem Thema mehr Fragen als Antworten haben oder sich schon lange mit Ihrem Verhältnis zur Kirche beschäftigen: Wir sind sicher, dass Sie vom Inhalt der folgenden Seiten profitieren werden!

Inhalt

Die Kirche

!? Vorwort

Die christliche Gemeinde, die Kirche lieben?! Kann man das? Soll man das? Der Titel dieses Buches irritiert mich noch immer etwas. Als ich gefragt wurde, etwas zum Thema Gemeinde zu schreiben, habe ich keinen Moment gezögert. In christlicher Gemeinschaft zu leben und mich zu engagieren, Gemeinde zu bauen, das ist mein Leben und meine Leidenschaft. Aber der Titel?

Wir haben an: »Warum ich zu einer Kirche gehöre!« gedacht. Aber das klingt und ist zu harmlos. Oder: »Warum ich in der Gemeinde mitarbeite!« Aber ist Arbeiten denn das Entscheidende, die Kirche als Arbeitsplatz?! Nein – das allein kann es auch nicht sein. Oder wie wäre es mit: »Warum die Gemeinde für mich wichtig ist!«? Das klingt so berechnend. Lohnt es sich? Bringt es etwas? Ist es, nüchtern kalkuliert, sinnvoll, dazugehören und mitzuarbeiten? Nein – das geht auch nicht.

Dann also doch: »Die Kirche: Warum ich sie liebe.« Also habe ich mich auf den Weg gemacht, über meine Liebe zur Gemeinde nachzudenken. Dabei habe ich neue Entdeckungen gemacht. Nach getaner Arbeit muss ich sagen: Tatsächlich, ich liebe die Gemeinde.

Ich möchte Sie mit den folgenden Zeilen inspirieren, auch über Ihre Beziehung zur Kirche, zur Gemeinde von Jesus nachzudenken. Vielleicht kommt es auch zu einer Liebe? Schön wär's!

Und noch etwas: Dass ich Gemeinde liebe, hat wesentlich mit Menschen zu tun. Sie werden beim Lesen bald merken, dass ich von konkreten Menschen rede, wenn ich von der Gemeinde rede. Dass mir Gemeinde so viel bedeutet, hat viel mit den Menschen zu tun, mit denen ich unterwegs bin. Ich musste beim Schreiben an viele denken, die mir geholfen haben, die Gemeinde zu lieben, und die mit mir unterwegs waren und sind, Gemeinde zu leben. Ihnen möchte ich dieses Buch widmen.

Bernhard Ott

Filadelfia (Chaco), Paraguay, im Mai 2006

1. Weil ich durch sie Jesus gefunden habe

Ehrlich gesagt, wenn ich vor mehr als 30 Jahren die Frage hätte beantworten müssen, warum ich die christliche Gemeinde liebe, ich hätte spontan anders geantwortet. Damals stand ich, gut 20 Jahre alt, am Anfang eines bewussten Christenlebens. Vielleicht hätte ich ehrlicherweise antworten müssen, dass ich mich wegen meiner Eltern oder wegen der guten Freunde in der Jugendgruppe taufen ließ und mich einer Gemeinde anschloss. Vielleicht hätte ich mich auch etwas »geistlicher« ausgedrückt und gesagt, dass Jesus mich zu einer Gemeinde geführt habe. Dahinter steht folgende Theologie: Das mit Jesus und mir, meine Hinwendung zu ihm und mein Glaube, das ist eine ganz *persönliche* Sache, die mit der Kirche kaum etwas zu tun hat. Mit der Bibel hat es zu tun und mit meinen Gebeten. Dann, sozusagen im zweiten Schritt, habe ich mich einer Gemeinde angeschlossen. Die Kirche gerät bei diesen Überlegungen erst später ins Blickfeld. Sie ist eine Art Zugabe, eine zusätzliche Möglichkeit – auf keinen Fall »heilsnotwendig«.

Mehr als 30 Jahre später, mit einigen theologischen Erkenntnissen im Gepäck, sage ich es mit Entschiedenheit anders herum: Ich liebe die Gemeinde, weil ich durch sie und in ihr Jesus gefunden habe. Oder müsste ich besser sagen: Durch sie hat Jesus mich gefunden? Die Kirche war da, bevor ich da war und bevor mein Glaube da war. Die Gemeinde von Jesus Christus hat das Evangelium durch die Jahrhunderte »transportiert«. Sie hat es mir verkündet. Sie hat mir die Bibel lieb gemacht. Dank der Gemeinde habe ich Jesus gefunden. Dafür bin ich der Gemeinde unendlich dankbar. Deshalb liebe ich die Gemeinde Jesu.

Das will ich nun aber etwas deutlich ausführen: Der christliche (wie der jüdische) Glaube gründet in historischen Ereignissen. Im Alten Testament bekennt Gottes Volk immer wieder: *»Früher mussten wir als Sklaven für den Pharao in Ägypten arbeiten. Aber der Herr hat uns mit starker Hand befreit. ... Der Herr hat uns dort herausgeholt, um uns in das Land zu* *bringen, das er unseren Vorfahren versprochen hat«* (nach 5. Mose 6,20–23). Diese Ereignisse sind die Grundlage des alttestamentlichen Glaubens. Im Neuen Testament bringt es Paulus in 1. Korinther 15,3–5 auf den Punkt:

Ich habe an euch weitergegeben, was ich selbst als Überlieferung empfangen habe, nämlich als Erstes und Grundlegendes: Christus ist für unsere Sünden gestorben, wie es in den Heiligen Schriften vorausgesagt war, und wurde begraben. Er ist am dritten Tag vom Tod auferweckt worden, wie es in den Heiligen Schriften vorausgesagt war, und hat sich Petrus gezeigt, danach dem ganzen Kreis der Zwölf.

Wer glauben will, muss diese historischen Tatsachen kennen. Diese grundlegenden Heilstaten Gottes müssen deshalb in Erinnerung gerufen, überliefert und immer wieder verkündet werden. Ja, mehr noch: Ihre kraftvolle Wirklichkeit soll in jeder Generation neu *erlebt und gelebt* werden. Das Volk Gottes ist der »Ort«, wo das geschieht. In der Gemeinschaft der Glaubenden wird die Erinnerung an Jesus, den Messias festgehalten, überliefert, schließlich aufgeschrieben, immer wieder neu verkündet – und hoffentlich wird der lebendige Christus auch erfahren.

Ich glaube, dass Gott zur Sicherung der Überlieferung des Evangeliums ein dreifaches Seil vorgesehen hat: Die Kirche, die Bibel und den Heiligen Geist. Fest miteinander verwoben wie ein starkes Seil, sind sie die Gewähr dafür, dass die Erinnerung an Gottes historische Heilstaten bis in die Gegenwart hinein zuverlässig überliefert wird. In der Gemeinschaft der ersten Christen, in welcher Gottes Geist wirksam war, entstand die Bibel. Johannes schreibt zum Schluss seines Evangelienberichtes: *»Die hier aufgezeichneten Berichte wurden aufgeschrieben, damit ihr glaubt, dass Jesus Christus der Sohn Gottes ist, und ihr durch den Glauben an ihn das ewige Leben habt«* (nach Johannes 20,31). Wenige Kapitel vorher lesen wir: *»Der Heilige Geist, den euch der Vater an meiner Stelle senden wird, wird euch an all das erinnern, was ich euch gesagt habe«* (nach Johannes 14,26).

Und in der Kirche, in der Gottes Geist wirksam ist, wird die Botschaft der Bibel überliefert, interpretiert und immer wieder neu in die Gegenwart hinein verkündet. So wird Jesus in seiner Gemeinde erinnert und vergegenwärtigt. Seine grundlegende Heilstat von damals soll nie vergessen werden, und er will sich heute noch als der Lebendige erweisen.

So hat Jesus auch mich erreicht. Konkret: Durch meine Eltern und Großeltern. Durch Sonntagschullehrerinnen und Jugendleiter. Durch Predigt und Literatur. In Jugendfreizeiten und Evangelisationen.

Ich gebe zu, die Kirche hat die Botschaft von Jesus Christus nicht immer treu und unverfälscht überliefert. Oft ist es ihr nicht gelungen, sie verständlich, einladend und überzeugend in die jeweilige Gegenwart hinein zu kommunizieren. Und noch weniger hat sie immer glaubwürdig gelebt, was sie vielleicht theoretisch noch verkündet hat. Dass der Christus, den sie predigt, auch heute noch lebt und wirkt, war und ist der Gemeinde Jesu nicht immer abzuspüren. Das kirchliche Umfeld, in dem ich aufgewachsen bin, war keine ideale Repräsentation des Christus des Neuen Testaments. Und dennoch hat Gott mich erreicht. Und ich habe den Kern der Botschaft gehört. Und Jesus hat zu mir gesprochen – und meinen Glauben geweckt.

Ich erachte es heute als ein Geheimnis Gottes, dass die Gemeinde Jesu trotz all ihrer Defizite die gute Nachricht vom Tod und von der Auferstehung Jesu durch die Jahrhunderte »transportiert«. Von Generation zu Generation überliefert sie die grundlegenden Heilstaten Gottes – allerdings, wie Paulus sagt (2. Korinther 4,7), »in einem zerbrechlichen Gefäß«.

Diese Gemeinde liebe ich – trotz all ihrer Mängel. Ich habe ihr viel zu verdanken. Durch sie hat Jesus mich erreicht. Durch sie habe ich Glauben gefunden. An erster Stelle steht deshalb nicht, dass *ich* die Gemeinde liebe, sondern, dass *Jesus* mich durch sie liebt.

Jim Wallis, Leiter der *Sojourner*s-Gemeinschaft in Washington, USA, erzählt:

»Als ich Student war, wurde ich von fast jeder christlichen Gruppe an der Uni – erfolglos – evangelisiert. In der Regel war meine Antwort auf ihre Predigt: ›Wie kann ich das glauben, wenn ich sehe, wie die Kirche lebt?‹ Und sie pflegten zu antworten: ›Schau nicht auf die Kirche – schau auf Jesus!‹

Ich glaube heute, dass dieser Satz zu den tragischen Sätzen der Kirchengeschichte gehört. Er stellt Jesus auf ein Podest fern von den Menschen, die seinen Namen tragen. Glauben wird etwas Abstraktes, ohne dass wirklich sichtbar wird, was das bedeutet. Dieses Denken leugnet, was grundlegend ist für das Evangelium: die Fleischwerdung Gottes, d. h. die Tatsache, dass Gott in unserer Welt *sichtbar* wird. Die Menschen sollten unsere Lebensweise sehen und dabei ahnen, worum es im Evangelium geht.«

(Jim Wallis, *Bekehrung zum Leben. Nachfolge im Atomzeitalter*. Brendow, Moers 1983, S. 126)

Ich habe für mich zwei Entscheidungen getroffen:

1. Ich will Gott für die Gemeinde danken. Ich will konkret dafür danken, dass mich Gott trotz all ihrer Mängel durch ihre Botschaft erreicht hat. Dabei danke ich ganz konkret für die Menschen, die mir das Evangelium von Jesus Christus vermittelt haben.

2. Ich will mit allen Kräften dazu beitragen, dass die Gemeinde »durchsichtig« ist, so dass Menschen Jesus Christus sehen und hören können.

Und Sie?

!mpuls:

2. Weil sie Gottes faszinierendes Projekt ist

Ein Mann kommt an einer Baustelle vorbei und sieht Arbeiter Steine behauen. Er fragt den ersten: »Was machen Sie da?« Antwort: »Ich klopfe Steine.« Der Mann geht weiter und fragt einen weiteren Arbeiter, der dieselbe Arbeit verrichtet. Der erklärt: »Ich baue eine Mauer.« Schließlich trifft er auf einen dritten Arbeiter, und auf die Frage, woran er gerade arbeitet, gibt der zur Antwort: »Ich baue einen Dom.«

Das bedeutet mir Gemeinde auch. Mein Leben steht in einem größeren Zusammenhang. Ich bin Mitgestalter und Mitarbeiter an einem »Dom« geworden. Das Leben ist nicht nur Steine klopfen, sondern *Mitarbeiter Gottes* sein, wie es Paulus in 1. Korinther 3,9 sagt.

Management-Handbücher verkünden es einstimmig: Menschen sind dann motiviert, wenn sie in ihrer Arbeit einen Sinn sehen. Und dieser Sinn wird dadurch gestiftet, dass die Arbeit einen Beitrag zu einem größeren Ganzen leistet. Jedes gute Unternehmensleitbild formuliert deshalb, in welcher Weise das »Produkt« des Unternehmens zum größeren Ganzen beiträgt. Ein klassisches Beispiel ist das *Mission Statement* der Walt Disney Company:

»Wir setzen unsere Phantasie ein, um Millionen von Menschen glücklich zu machen.«

Was heute Führungshandbücher schreiben, kann längst in der Bibel nachgelesen werden: Gott hat den Menschen mit Fähigkeiten und Begabungen ausgestattet und er möchte, dass dieses Potenzial im Reich Gottes eingebracht wird. So findet der Mensch Identität, Sinn und Lebensperspektive.

Vor etwa 4000 Jahren hat Gott einen Mann namens Abram angesprochen und ihm gesagt: *»Ich habe mit dir etwas vor! Zieh aus deinem Land aus in ein Land, das ich dir zeigen werde. Aus dir soll ein großes Volk werden und alle*

Völker sollen durch dich gesegnet werden« (nach 1. Mose 12,1–3).

Das ist eine gigantische Lebensperspektive. Abram hat wohl nie wieder nur »Steine geklopft«. Alles, was er von da an tat, stand im Horizont einer großen Vision: Unterwegs in ein Land – großes Volk – alle Menschen sollen gesegnet werden.

Was hat diese Jahrtausende alte Geschichte mit uns zu tun? Sehr viel, wie wir von Paulus lernen:

Ihr seid alle durch den Glauben Söhne Gottes in Christus Jesus. Denn ihr alle, die ihr auf Christus getauft seid, habt Christus (als Gewand) angelegt. Es gibt nicht mehr Juden und Griechen, nicht Sklaven und Freie, nicht Mann und Frau; denn ihr alle seid »einer« in Christus Jesus. Wenn ihr aber zu Christus gehört, dann seid ihr Abrahams Nachkommen, Erben kraft der Verheißung (Galater 3,26–29, Einheitsübersetzung).

Christsein heißt also, in die Abrahamgeschichte hinein kommen. Es heißt teilhaben am Abrahamprojekt. Es gibt nichts Identitätsstiftenderes, als dazu zu gehören. Teil einer Geschichte zu sein. Mitarbeiterin und Mitarbeiter in einem Projekt zu sein, das einen einzigartigen und wesentlichen Beitrag zum größeren Ganzen der Menschheitsgeschichte leistet. Das bedeutet es, Christ zu sein und zur Gemeinde von Jesus Christus zu gehören.

Wer Teil einer Geschichte wird, hat etwas zu erzählen. Jedes Volk hat seine Geschichte. Jede Familie schaut sich gemeinsam die Fotoalben an und erzählt sich ihre Geschichten. Das schafft Zugehörigkeit, Identität und Lebensperspektive. Die Bibel ist so etwas wie das Fotoalbum der Kirche. Die Geschichte von Gottes Projekt. Wenn wir Christen werden, wird dies auch *unsere* Geschichte, *unser* Fotoalbum – das ist die Bewegung Gottes in der Welt, zu der ich gehören darf, in der ich mitarbeiten darf. Das ist der »Dom«. Ich werde nie mehr bloß »Steine klopfen«.

An dieser Stelle will ich kurz etwas zu der Frage sagen, in welcher Beziehung die neutestamentliche Gemeinde zu Israel und zum Judentum steht. Diese Frage ist oft Anlass für Kontroversen. Insbesondere unsere Stellung zum heutigen Judentum und zum Staat Israel ist ein vielschichtiges Thema, das unmöglich hier behandelt werden kann. Auf zwei Missverständnisse will ich aber hinweisen:

1. Manchmal haben Christen die Ansicht vertreten, sie seien an die Stelle des alten Israel getreten, hätten Israel als Gottes Volk sozusagen abgelöst. Deshalb würden alle Verheißungen des Alten Testaments nun der christlichen Gemeinde und nicht mehr den Juden gelten. Wir – so sagten (und sagen) manche – sind nun die Kinder Abrahams. Das ist definitiv nicht die Sicht des Paulus in Römer 9–11. Die Gemeinde von Jesus Christus hat kein Recht, sich auf Kosten Israels an die Stelle Israels zu setzen. Gottes Treue gilt auch Israel!

2. Doch es gibt noch ein anderes Missverständnis, und zwar die Vorstellung, die Gemeinde von Jesus Christus sei ein neues, zweites Projekt Gottes – neben Israel. Hier wird betont, dass die Gemeinde kaum etwas mit dem Alten Testament zu tun hätte, sondern eine Neuschöpfung des Neuen Testaments sei. Das ist aber gerade nicht, was wir eben in Galater 3,29 gelesen haben.

Dem Zeugnis des Neuen Testaments ist es wohl am nächsten, wenn wir sagen, dass wir dazu gekommen sind. Durch Jesus – einen Juden! – wurden wir in die Abraham-Geschichte mit hinein genommen. Wir sind *Mit*erben der Verheißungen – nicht *Anstatt*erben. Der Epheserbrief spricht davon, dass wir durch Jesus

Christus Mitbürger in Gottes Volk und Mitglieder in Gottes Familie seien (2,19–21).

Durch die Zugehörigkeit zu Jesus Christus werde ich Teil des großen Projekts Gottes, das mit Abraham seinen Anfang genommen hat. Nicht *anstatt* Israel und schon gar nicht *gegen* Israel. Israels Geschichte des Alten Testaments ist nun auch meine Geschichte geworden. Das bedeutet mir viel.

Was beinhaltet dieses Projekt Gottes nun aber konkret? Seit über 30 Jahren studiere ich die Bibel, predige und lehre, was Kirche ist. Meine Begeisterung für den Entwurf von Gemeinde, den ich in der Bibel finde, ist ungebrochen. Die Kirche ist keine menschliche Erfindung. Paulus nennt sie ein Projekt, das »vor Grundlegung der Welt« schon im Herzen Gottes war (Epheser 1,4). Wenn es in dieser Welt irgendeine Sache gibt, die jenseits von Raum und Zeit verankert ist, dann die Gemeinde. Dieses Projekt Gottes findet seinen Anbruch in Raum und Zeit in der Berufung Abrahams, in der Errettung Israels und schließlich in der Schaffung der Gemeinde. Diese ist im wahrsten Sinn die Erschaffung der »neuen Menschheit« (Epheser 2,15). Wenn irgendeiner Bewegung dieser Welt die Zukunft gehört, dann der Gemeinschaft des Gottesvolkes – das hat bereits der Prophet Daniel vorausgesehen (Daniel 7,13–14.18.27).

Die Gemeinde ist – so sagen uns viele Texte der Bibel – eine neue Sozialordnung, eine Gemeinschaft von Menschen, die durch Liebe charakterisiert ist (Johannes 13,35). Eine Gemeinschaft, in der einer den anderen höher achtet als sich selbst (Römer 12,10), in der man sich gegenseitig dient, aufbaut und vergibt (Römer 14,19; Galater 5,13; Epheser 4,32). Es ist eine Gemeinschaft, in welcher der selbstsüchtige Egoismus überwunden ist und eine Haltung des Miteinanders und des Teilens verwirklicht wird (Apostelgeschichte 2,44–45; 4,32–34). In dieser Gemeinschaft kann sich jede und jeder mit seiner Begabung entfalten (1. Korinther 12; 14). Männer und Frauen, Alte und Junge, Arbeitgeber und Arbeitnehmer begegnen sich respektvoll auf Augenhöhe (Epheser 5,21 ff). Entscheidungen werden gemeinsam erarbeitet und Jesus erweist sich gerade dadurch als der Gegenwärtige, dass er Einheit schenkt (Matthäus 18,18–20; Apostelgeschichte 15). In der Mitte der Kirche wird die Gegenwart Gottes kraftvoll erfahren (Apostelgeschichte 2,43; 4,31). Diese Gemeinde ist attraktiv für Menschen, die Jesus noch nicht kennen, und viele möchten selbst Teil der neuen Menschheit werden. Die Apostelgeschichte spricht davon, dass täglich Menschen hinzukommen und dass die Gemeinde stetig wächst. Kurz: In der Gemeinde wird sichtbar, was Gott für die ganze Menschheit möchte: Gerechtigkeit, Friede und Freude (Römer 14,17). Sie ist der Prototyp, der Anbruch der neuen Schöpfung, gesandt, um allen Menschen das Leben in der Gemeinschaft mit Jesus Christus schmackhaft zu machen. Das ist die Gemeinde, die ich liebe!

Und diese Gemeinde hat einen Auftrag, eine Mission: »Alle Völker« (Matthäus 28,19) und »bis ans Ende der Erde« (Apostelgeschichte 1,8) bilden den Horizont. Die Gemeinde ist sozusagen Gottes Missionsmethode. Durch die Gemeinde möchte er alle Menschen erreichen. »Ohne den Schöpfer ist das Geschöpf bald erschöpft«, hat einmal jemand gesagt. Aber so soll es nicht bleiben. Gott sucht seinen Menschen, dass ist Gottes Mission – die Theologen nennen es *Missio Dei*. Es ist das Vorrecht der Gemeinde, dass sie in diesem Missionsprojekt Gottes eine zentrale Rolle spielt. Deshalb ist die Gemeinde von Jesus Christus per Definition missionarisch. Mission ist nicht etwas, was sie möglicherweise auch noch tut oder was sie an Spezialisten (Missionare) oder Spezialinstitutionen (Missionsgesellschaften) delegieren kann. Mission ist ihr *Wesen,* ihr Charakter, ihre Berufung, ihre Existenzweise.

Das ist sie, die Gemeinde, die ich liebe! Die Vision Gottes für diese Welt! Der Traum einer neuen Menschheit! Die Sendung zu allen Menschen! Der »Dom«, an dessen Bau ich das Vorrecht habe, mitzubauen.

Das ist auch die Vision von Gemeinde, die ich in Unterricht und Predigt vermittle. Dafür versuche ich Menschen zu begeistern. Nicht selten geschieht dann aber Folgendes: Studierende und Zuhörende fragen: »Bernhard, hast du je eine solche Gemeinde gesehen? Bei mir zu Hause sieht alles ganz anders aus! Kannst du mir vielleicht einmal ein konkretes Beispiel einer solchen Gemeinde zeigen?« Meine Antwort lautet dann meistens etwa so: »Es tut mir leid, aber das ist die Vision von Gemeinde, die uns die Bibel skizziert – ich kann nichts anderes lehren.«

»Steine klopfen« oder »einen Dom bauen«? Was bedeutet Ihnen Ihr Leben? Wofür engagieren Sie sich? Welchen Beitrag zu welchem größeren Ganzen leisten Sie? Was gibt Ihrem Leben und Ihrer Arbeit Sinn? Was, wenn die Gemeinde von Jesus Christus tatsächlich der Anbruch der neuen Menschheit ist? Was kann es dann Sinnstiftenderes geben, als an diesem »Dom« mitzubauen?

!mpuls:

3. Weil ich mich für sie entschieden habe

Nun ist eine Klärung nötig, die vielleicht schon lange hätte erfolgen müssen. Die bisherigen Ausführungen könnten den Eindruck erwecken, dass ich folgende Fragen zu beantworten versuche: Ist die Kirche genügend liebenswürdig, um von mir geliebt zu werden? Ist die Kirche attraktiv genug, dass ich mich ihr anschließe? Ist die Kirche interessant genug, dass ich mich in ihr engagiere? Das wären in mehrfacher Hinsicht die falschen Fragen.

Erstens habe ich in gewisser Weise keine Wahl: Wenn ich Christ bin, gehöre ich zur Gemeinde. Christus und seine Gemeinde gehören zusammen; sie sind nur zusammen oder gar nicht zu haben. Christus: ja – Kirche: nein; oder Kirche: ja – aber Christus: nein, das geht nicht! Wer zu Jesus gehören will, gehört auch zu seiner

Gemeinde, und wer in die Kirche will, kann das nur mit Jesus Christus.

In der schönen Geschichte von Ruth lesen wir im Alten Testament, dass sie eine doppelte Entscheidung trifft, die zu ihrem Heil führt. Zu ihrer Schwiegermutter Noëmi sagt sie: *Dein Volk ist mein Volk und dein Gott ist mein Gott* (Ruth 1,16). Den Gott Israels findet Ruth im Volk dieses Gottes, und in dieses Volk hinein findet sie im Glauben an diesen Gott. Das Volk ohne diesen Gott gibt es ebenso wenig wie diesen Gott ohne sein Volk. In der Gemeinschaft mit Gott *und* seinem Volk findet Ruth das Heil. Deshalb: Wenn Gott mich durch sein Wort gerufen hat, und wenn ich im Vertrauen auf Jesus Christus darauf geantwortet habe, dann *bin ich Teil der Gemeinde Jesu.* Das braucht keine zweite Entscheidung.

Und doch ist im konkreten Lebensvollzug eine Entscheidung nötig: Es ist die Entscheidung, ob ich das, was sozusagen *de jure* (rechtlich) gilt – nämlich, dass ich, wenn ich an Jesus Christus glaube, selbstverständlich Glied seiner Gemeinde bin –, ob ich das auch *de facto* in meinem Leben praktizieren will. Aber aufgepasst: Dies ist nicht eine Auswahl zwischen zwei gleichwertigen Möglichkeiten. Es ist eine Entscheidung zwischen richtig und falsch. Christsein ist keine Privatsache. Im Neuen Testament ist die Vorstellung undenkbar, zu einer »geistlichen, unsichtbaren, universalen« Gemeinde zu gehören und auf die konkrete und verbindliche Zugehörigkeit in einer christlichen Gemeinschaft zu verzichten. Es gibt zwar eine beträchtliche Zahl von Menschen, die sich als Christen verstehen und sich zugleich gegen die verbindliche Zugehörigkeit zu einer Gemeinde entscheiden. Es bleibt zu fragen, ob Christus so überhaupt »zu haben« ist.

Die andere Möglichkeit ist die richtige Entscheidung: Weil ich durch Gottes Ruf und meine vertrauensvolle Antwort darauf Anteil an Christus *und* seiner Gemeinde erhalten habe, werde ich selbstverständlich auch konkret und verbindlich Teil einer Gemeinschaft von Christen sein wollen. Es ist diese Entscheidung, die ich meine, wenn ich sage: Ich liebe die Gemeinde, weil ich mich für sie entschieden habe. Persönlich habe ich diese Entscheidung in der Taufe fest gemacht und öffentlich bekannt.

In der kirchlichen Tradition, in der ich aufgewachsen bin, in der ich lebe und arbeite, wird die Taufe auf den Glauben (Gläubigen- oder Bekenntnistaufe) praktiziert. Im Taufwunsch bringt ein Mensch zum Ausdruck: Ich habe den gnädigen Ruf Gottes gehört und darauf vertrauensvoll geantwortet. Ich möchte nun mein Leben verbindlich mit Jesus *und* in seiner Gemeinde leben. In der Taufe wird das dann öffentlich bekannt und bezeugt.

Dabei werden in der Taufe sowohl das Handeln Gottes am Menschen wie auch die Antwort des Menschen sichtbar und erfahrbar dargestellt. Das Neue Testament spricht von der Taufe in der Form des *Imperativ-passiv* (Apostelgeschichte 2,38). Die ersten Christen wurden nicht einfach getauft und sie haben sich auch nicht selber getauft – sie *ließen sich taufen*. Da ist also eine passive Seite. Es geschieht etwas an mir, Gott handelt an mir. Darin kommt zum Ausdruck: Nicht ich habe mich gerufen – Gott hat mich gerufen. Nicht ich habe mir vergeben – in Christus ist mir vergeben worden. Nicht ich habe mich erneuert – Gottes Geist schafft den neuen Menschen in mir.

Doch es gibt auch die aktive Seite, die durch den Imperativ zum Ausdruck kommt: Ich bin nicht einfach zum Christen gemacht worden. *Ich* habe auf Gottes Ruf *geantwortet*. *Ich* habe das Angebot der Vergebung *angenommen*. Und *ich* habe mich *entschieden,* mit Jesus und seiner Gemeinschaft durchs Leben zu gehen.

Beide, die passive und die aktive Seite, kommen in der Taufe sichtbar und erfahrbar zum Ausdruck. So bin ich gelehrt worden. So habe ich es selber an mir geschehen lassen. Und so habe ich es später durch Bibelstudium und theologische Reflexion bestätigt gefunden.

In der Gemeinde, in der ich mich taufen ließ, folgte der Taufgottesdienst einer Liturgie, die mich bis heute prägt. Es steht mir unvergesslich vor Augen, dass ein Zusammenhang zu Matthäus 18,15–20 hergestellt wurde: Wenn ich meine zu sehen, dass mein »Bruder« oder meine »Schwester« – ein Mitglied der Gemeinde – in die Irre geht, dann hat mir das nicht egal zu sein. Es ist meine Pflicht, das Gespräch zu suchen, vielleicht auch zu dritt zusammenzusitzen, zu beten und das Problem zu besprechen. Jesus verheißt, gerade dann (wenn zwei oder drei zusammen sind) gegenwärtig zu sein und zu helfen, dass Vergebung,

Versöhnung und, wenn nötig, Korrektur gefunden werden kann. So sollen alle einander helfen, bei Jesus zu bleiben und immer wieder Vergebung und Versöhnung zu suchen.

Dabei wurde ich als Täufling gefragt, ob ich bereit sei, mich in dieser Verbindlichkeit in diese konkrete Gemeinschaft hinein zu geben. Ob ich bereit sei, nicht nur auf mich zu schauen, sondern Mitverantwortung für meine Brüder und Schwestern zu übernehmen und gegebenenfalls auf sie zuzugehen. Und ob ich bereit sei, meinerseits auf sie zu hören, wenn sie mich ebenso unterstützen würden. Dann wurde die Gemeinde gefragt, ob sie bereit sei, mich in dieser Weise verbindlich in die Gemeinschaft aufzunehmen und zugleich anzunehmen, dass ich gleichermaßen für sie Sorge tragen würde.

Ich weiß nur zu gut, dass dieses Vorgehen im Laufe der Kirchengeschichte in nicht wenigen Kirchen zu Gesetzlichkeit und schwer belastender Sozialkontrolle geführt hat. Das ist definitiv nicht die gute Nachricht, die Jesus in Matthäus 18 vorschlägt. Nicht zuletzt aufgrund solcher Fehlentwicklungen ist dieser Teil der Taufliturgie in unserer Tradition weggefallen.

Doch ist das nicht ein substantieller Verlust? Hat man nicht eine *schlechte* Praxis durch *keine* Praxis abgelöst, anstatt durch eine gute?

In dem Gottesdienst, in dem ich meinen Bund mit Jesus in der Taufe festgemacht und öffentlich bekannt habe, habe ich auch einen Bund mit der Gemeinde besiegelt: Ich gehöre zu Jesus *und* zu seiner Gemeinde – beides konkret und verbindlich.

Deshalb: Ich liebe die Gemeinde, weil ich mich für sie entschieden habe. Mitgliedschaft und Mitarbeit in der Gemeinde sind nicht von subjektiv wahrgenommener Attraktivität und Sympathie abhängig. Das wäre eine schwache Basis für eine tragfähige Beziehung. Deshalb füge ich hier aus der Bibel und meiner eigenen Lebenserfahrung eine andere Dimension hinzu: Ich liebe die Gemeinde, weil ich mich für sie entschieden habe. Ich bin einen Bund eingetreten. »In guten und in schlechten Tagen« *will* ich die Gemeinde Jesu lieben, unabhängig von den momentanen Attraktivitäten und Sympathien. Und zwar in der Gestalt der konkreten »Brüder und Schwestern« der lokalen Gemeinde, in der ich ein- und ausgehe, wie auch in der Gestalt des größeren Ganzen der Kirche.

Ein Charakterzug gegenwärtiger, postmoderner Spiritualität besteht darin, dass viele Menschen Gemeinschaft ohne Verbindlichkeit suchen. Wir suchen zwar Zweisamkeit, Zugehörigkeit und Vernetzung, jedoch ohne Verpflichtungen (vgl. Ariane Martin, *Sehnsucht – der Anfang von allem. Dimensionen zeitgenössischer Spiritualität*. Schwaben, Ostfildern 2005, S. 214). So bleiben wir letztlich doch allein. Wenn es drauf ankommt, verdunstet unverbindliche Gemeinschaft. Das Evangelium der Bibel schlägt eine tiefere Form von Gemeinschaft vor: Leben im Bund!

Wie leben und erleben Sie Gemeinschaft?

!mpuls:

4. Weil sie ein Raum zum Leben ist

Für dieses Kapitel wären viele verschiedene Überschriften möglich gewesen. Die Entscheidung ist mir nicht leicht gefallen. Ich hätte auch folgendes formulieren können:

Weil sie eine erfahrbare Gemeinschaft ist;
weil sie eine Familie ist;
weil sie Menschen, Beziehungen
und Freundschaften bedeutet;
weil sie eine tragfähige
Lebensgemeinschaft ist;
weil sie ein Miteinander von Menschen ist.

Mit all diesen Formulierungen soll das Eine gesagt werden: Gemeinde, das sind Menschen, Beziehungen. Oft, wenn ich in Vorträgen und Seminaren zum Thema Kirche spreche, frage ich die Zuhörenden: Was kommt ihnen als erstes und spontan in den Sinn, wenn ich »Gemeinde« oder »Kirche« sage? Ein Gebäude? Eine Institution? Der Gottesdienst? Oder ganz einfach Menschen – konkrete Gesichter? Noch einmal: Gemeinde, das sind zuerst und vor allem Menschen!

Die Bibel braucht eine Vielzahl von Bildern und Begriffen, um diese Wirklichkeit zu beschreiben:

1. Sie spricht von der *Gemeinde als Familie.* Dabei ist der Begriff als Analogie gemeint. Die Gemeinde ist nicht eine biologische Familie. Es ist zwar schön, wenn ganze Familien über mehrere Generationen aktiv zur Kirche gehören, aber der Glaube ist nicht vererbbar. Die Zukunft der Kirche ist nicht biologisch zu sichern. Es mag zwar manche kleinere Freikirchen geben, die fast so etwas wie Familiengemeinden oder ethnische Kirchen sind, aber das darf nicht mit der Gemeinde von Jesus Christus verwechselt werden. Die Gemeinde ist *wie* eine Familie. Sie ist eine *alternative* Familie, eine *geistliche* Familie. Jesus hat diese neue Familie so definiert (Markus 3,35): *»Wer tut, was Gott will, der ist mein Bruder, meine Schwester und meine Mutter!«*

Der Epheserbrief sagt, dass jeder, der Jesus Christus glaubend angenommen hat (1,13), nun ein vollwertiges Mitglied in der Familie Gottes geworden ist (2,19). Deshalb werden die Mitglieder der christlichen Gemeinde im Neuen Testament selbstverständlich *Brüder* und *Schwestern* genannt. Johannes spricht deshalb auch von Kindern, Jungen und Vätern in der Gemeinde (1. Johannes 2,12–14). Es gibt in der Familie der Gemeinde also auch Generationen – Menschen, die noch ganz jung im Glauben sind, und ältere, reifere Christinnen und Christen, die so etwas wie geistliche Mütter und Väter sind.

An anderer Stelle wird der Prozess des Christwerdens mit einer Geburt verglichen. Wir werden, wenn wir Christen werden, *neu* oder *von oben* geboren (Johannes 3,1–8). Dabei ist es wie in biologischen Familien: Man wird in eine Familie hinein geboren. Man hat Brüder und Schwestern neben sich. Die hat man sich nicht ausgesucht. Diese geistliche Familie ist der Raum, in dem ein Christ zu einem reifen glaubenden Menschen heranwachsen kann.

2. Wenn ich *Familie* sage, dann habe ich bereits ein modernes Wort gebraucht, das eigentlich in den Texten der Bibel so gar nicht vorkommt.

Dort ist wörtlich von der *Gemeinde als einem Haus* die Rede. Dabei ist an einen Haushalt, an die Lebensgemeinschaft, die als Großfamilie unter einem Dach lebte, zu denken. Man muss sich die ersten Gemeinden sowieso als Hausgemeinschaften vorstellen. Um eine Familie herum begann sich eine Gemeinschaft von glaubenden Menschen zu bilden, die sich in einem normalen Wohnhaus versammelte.

So verstanden, ist Gemeinde *Lebensgemeinschaft* – sieben Tage in der Woche, nicht nur am Sonntagvormittag für eine Stunde Gottesdienst. In dieser Lebensgemeinschaft wird das Leben geteilt. Das ist, was das neutestamentliche Wort *Koinonia* bedeutet (z. B. Apostelgeschichte 2,42): Sie teilten ihr Leben miteinander. In der Lebensgemeinschaft der Gemeinde lebten und arbeiteten Männer und Frauen, Kinder und Eltern, Unternehmer und Arbeiter zusammen. Dieses Zusammenleben soll nun von Christus her gestaltet werden. Das Leitmotiv ist: *liebt einander* (Epheser 5,21 und dann die folgenden Anweisungen bis 6,9). Wir halten also fest – auch für heute: Gemeinde ist gemeinsame Lebensgestaltung im Alltag.

3. Wie schon gesagt, ist *»liebt einander«* das Leitmotiv dieser christlichen Lebensgemeinschaft. Was heißt das konkret? Ein Durchgang durch das Neue Testament zeigt uns, dass die Apostel mit vielen praktischen Anweisungen beschreiben, wie das *Miteinander* in der Gemeinde aussehen soll. Meistens gebrauchen sie in diesen Beschreibungen das Wort *einander*. Hier eine Liste interessanter Texte:

Der Ausgangstext von Jesus:

Joh. 13,34–35	*Liebet einander*
Joh. 15,12.17	*Liebet einander*
Joh. 13,14	Wascht einander die Füße

Die Umsetzung durch die Apostel:

Röm. 1,12	*gebt euch gegenseitig Zuspruch*
Röm. 12,5	*wir sind untereinander Glieder*
Röm. 12,10	*seid einander in Liebe zugetan achte einer den andern höher als sich*
Röm. 13,8	*Ihr schuldet euch nichts – außer das Einander-Lieben*
Röm. 14,19	*strebt nach dem, was einander aufbaut*
Röm. 15,7	*nehmt einander an*
Röm. 15,14	*ermahnt euch gegenseitig*
Röm. 16,16	*grüßt einander*

1. Kor. 11,33	*nehmt Rücksicht aufeinander*
1. Kor. 12,25	*seid füreinander besorgt*
1. Kor. 16,20	*grüßt einander*
2. Kor. 13,12	*grüßt einander*
Gal. 5,13	*dient einander in Liebe*
Gal. 5,15	*beißt und fresst einander nicht*
Gal. 5,26	*beneidet und reizt einander nicht*
Gal. 6,2	*einer trage die Last des andern*
Eph. 4,2	*ertragt einander in Liebe*
Eph. 4,25	*redet die Wahrheit zu einander*
Eph. 4,32	*seid gegeneinander gütig, barmherzig und verzeiht einander*
Eph. 5,19	*sprecht einander in Psalmen und Liedern zu*
Eph. 5,21	*ordnet euch einander unter*
Phil. 2,3	*jeder achte den andern höher*
Kol. 3,9	*lügt euch gegenseitig nicht an*
Kol. 3,13	*vertragt einander und vergebt einander*
1. Thess. 3,12	*der Herr lasse die Liebe untereinander wachsen*

1. Thess. 4,9	*ihr seid von Gott gelehrt, dass ihr einander lieben sollt*
1. Thess. 4,18	*ermutigt/tröstet einander*
1. Thess. 5,11	*ermutigt/tröstet einander*
1. Thess. 5,13	*haltet Frieden untereinander*
1. Thess. 5,15	*strebt nach dem Guten gegenüber einander und gegenüber allen*
2. Thess. 1,3	*die Liebe einander gegenüber wächst*
Hebr. 10.24	*achtet aufeinander und spornt euch gegenseitig an*
Jak. 5,16	*bekennt einander eure Sünden*
1. Petr. 1,22	*liebt einander aus reinem Herzen beharrlich*
1. Petr. 4,9	*seid gastfreundlich zueinander ohne Murren*
1. Petr. 5,14	*grüßt einander*
1. Joh. 1,7	*wenn wir im Licht wandeln, haben wir Gemeinschaft untereinander*
1. Joh. 3,11	*das ist die Botschaft, die ihr gehört habt: Liebt euch untereinander*
1. Joh. 3,23	*wir sollen einander lieben*

1. Joh. 4,7	*lasst uns lieben untereinander*
1. Joh. 4,11	*wenn uns Gott so geliebt hat, sind wir verpflichtet, einander zu lieben*
1. Joh. 4,12	*wenn wir einander lieben, bleibt Gott in uns*
2. Joh. 5	*wir wissen es von Anfang an: Wir sollen einander lieben*

Es lohnt sich, diese Texte einmal im Zusammenhang zu lesen. Wir erhalten dadurch ein eindrückliches Bild gelebter Gemeinschaft.

4. So in Gemeinschaft zu leben, ist *beglückend und beängstigend* zugleich. Einerseits findet der Mensch so seine Bestimmung – zur Gemeinschaft hat Gott ihn geschaffen. Und tatsächlich ist die christliche Lebensgemeinschaft der Lebensraum, in dem wir aufblühen und gedeihen können, in dem wir Geborgenheit und Freiheit finden, in dem wir getragen werden und andere tragen. Andererseits ist Leben in Gemeinschaft auch bedrohlich. Wir kommen an unsere Grenzen, gehen uns auf die Nerven und machen uns das Leben schwer.

Um gemeinschaftsfähig zu werden, braucht es eine Transformation. Oder vielleicht besser: Durch das Leben in Gemeinschaft werden wir uns bewusst, dass wir transformiert werden müssen, um wahre Menschen zu werden. In Apostelgeschichte 4,31–34 heißt es, dass Gottes Geist diese Transformation in uns schafft, wenn wir in Gemeinschaft leben und mit der verändernden Kraft des Heiligen Geistes rechnen. In den deutschen Übersetzungen sagt Vers 32: *Niemand von ihnen betrachtete etwas von seinem Besitz als persönliches Eigentum; alles, was sie besaßen, gehörte ihnen gemeinsam. Persönliches Eigentum* und *gemeinsam* sind hier die Schlüsselworte. Der nicht durch den Geist erneuerte Mensch sieht immer nur das Eigene, er schaut nur für sich. Es dreht sich alles um den Einzelnen. Die Transformation durch den Geist im Leben der Gemeinschaft schafft Menschen, die *das Gemeinsame* im Blick haben. Die Lebensgemeinschaft, in der Gottes Geist Raum gewinnt, ist der Ort, wo wir verändert und zu gemeinschaftsfähigen Menschen werden. Gemeinschaft ist der Raum, in dem wir leben lernen.

»Für jene, die kommen, um in Gemeinschaft zu leben, ist die erste Zeit fast immer idyllisch: Alles ist vollkommen. Man scheint unfähig, die Fehler zu sehen. Man sieht nur Vorzüge. Alles ist wunderbar, alles ist schön, man hat den Eindruck, von Heiligen umgeben zu sein, die all das sind, was man selbst auch gern sein möchte!

Dann aber kommt die Zeit der Enttäuschung. Man ist müde, fühlt sich allein gelassen und frustriert von den Verantwortlichen, man versagt, bekommt Heimweh ... Während dieser Zeit der Depression erscheint alles finster: Man sieht nur noch die Fehler der anderen und der Gemeinschaft, alles regt einen auf, man meint sich von Heuchlern umgeben, die nur auf das Gesetz pochen und in Strukturen denken, oder aber total desorganisiert und inkompetent sind. Kurz, das Leben scheint unerträglich. Je stärker man die Gemeinschaft idealisiert und die Verantwortlichen auf den Sockel gestellt hat, desto intensiver ist die Ernüchterung. Von himmlischen Höhen stürzt man senkrecht in den Abgrund.

!mpuls:

Sind diese beiden Phasen erst einmal durchgestanden, kann endlich die dritte beginnen: jene des Bundes. Man wird realistisch und engagiert sich. Die Mitglieder der Gemeinschaft erscheinen dann weder als Heilige noch als Teufel, sondern schlicht als Menschen. ... Die Gemeinschaft ist weder in den Höhen noch in den Tiefen zu finden. Sie ist hier und jetzt auf dieser Erde zu Hause. Man wird bereit, mit ihr zu gehen. Man nimmt die anderen und die Gemeinschaft an, wie sie sind. Man vertraut, dass man gemeinsam wachsen kann.«

(Aus: Jean Vanier, *In Gemeinschaft leben. Meine Erfahrungen.* R. Brockhaus, Witten 1999, S. 106)

!mpuls:

Der Gedanke einer christlichen Lebensgemeinschaft bewegt uns (meine Frau und mich) seit den ersten Jahren unseres Christseins. Vor mehr als 30 Jahren reifte der Gedanke, einige Jahre ganz intensiv in Lebensgemeinschaft mit anderen Christen zu leben. Das haben wir zusammen mit einer anderen Familie dann auch verwirklicht: Zwei Familien mit zusammen fünf Kindern, dazu sechs weitere junge Menschen, die einen geschützten Lebensraum suchten, in einem großen Haus. Zusammen leben, zusammen essen, zusammen die Hausarbeit tun, das Geld teilen, miteinander Freude und Leid teilen – kurz: *Koinonia* einüben. Wir haben in diesen Jahren alles erlebt: Beglückende Gemeinschaft, fröhliches Zusammensein, gemeinsame Projekte; aber auch Missverständnisse und Ärger, Meinungsverschiedenheiten und Streit. Und dann auch wieder lange Aussprachen und Versöhnung. Lachen und Weinen, stilles Zusammensitzen am Kaminfeuer und lautstarke Debatten. Wir haben alles offen auf den Tisch gelegt: Wie wir über Finanzen denken und über Kindererziehung, wo unsere Stärken liegen und wo unsere Schwächen. Wenn ich zurück blicke, bekenne ich: Ich habe christliche Gemeinschaft als Raum kennen gelernt, in dem ich leben gelernt habe, in dem der Geist Gottes Veränderung in mir hervorgebracht hat. Deshalb liebe ich Gemeinde, weil sie ein Raum zum Leben ist.

Mein beruflicher Weg führte mich später weg von dieser Gemeinschaft und wir haben nie wieder so intensiv mit anderen zusammen gelebt.

Die Grundidee ist aber ein Lebensprinzip geworden: Christsein heißt in Gemeinschaft leben. Später haben wir andere Erfahrungen gemacht. Ein Mitarbeiterteam am Theologischen Seminar Bienenberg, das über Jahre, ja Jahrzehnte hinweg eine tragfähige Lebensgemeinschaft bildet, die zusammen die Gegenwart gestaltet und Zukunftsperspektiven entwickelt. Unsere gemeinsamen Klausuren gehören seit mehr als 25 Jahren zu den Highlights meines christlichen Lebens. Und dann haben wir das Vorrecht, Teil einer kleinen Lebensgemeinschaft von Ehepaaren zu sein, die nun auch schon viele Jahre Freud und Leid teilen. Das Aufwachsen unserer Kinder, berufliche Herausforderungen und Veränderungen, Krankheit und die Fragen der verschiedenen Lebensphasen haben wir gemeinsam durchlebt. Wir sind einander Stütze und Trost, Korrektur und Ermutigung. Ehrlich gesagt: Ich könnte mir mein Leben nicht vorstellen ohne den Lebensraum dieser Gemeinschaft. Deshalb liebe ich Gemeinde.

5. Weil sie ein Geheimnis ist

Jesus hat, wenn er von der anbrechenden Gottesherrschaft gesprochen hat, oft in Bildern gesprochen (z. B. in Matthäus 13). Da die Kirche der Ort ist, wo die Gottesherrschaft zeichenhaft anbricht, sagen diese *Gleichnisse* auch viel über das Wesen der christlichen Gemeinde. In den meisten dieser Bildergeschichten kommt etwas Geheimnisvolles zum Ausdruck. Gottes Reich wächst auf wundersame Weise. Ein Beispiel (Markus 4,26–29):

Mit dem Reich Gottes ist es so, wie wenn ein Mann Samen auf seinen Acker sät; dann schläft er und steht wieder auf, es wird Nacht und wird Tag, der Samen keimt und wächst und der Mann weiß nicht, wie. Die Erde bringt von selbst ihre Frucht, zuerst den Halm, dann die Ähre, dann das volle Korn in der Ähre. Sobald aber die Frucht reif ist, legt er die Sichel an; denn die Zeit der Ernte ist da (Einheitsübersetzung).

Es ist eine alte Weisheit: Wenn etwas realisiert werden soll, sind drei Dinge nötig: Man muss *wissen,* was zu tun ist, man muss es verwirklichen *wollen,* und man muss es verwirklichen *können.* Wenn eine dieser drei Komponenten fehlt, wird es nicht zur Verwirklichung kommen. Wie ist das nun aber mit der Verwirklichung von Gemeinde?

Manchmal müssen wir besser klären, *was* wir eigentlich sollen, d. h. wie Jesus Christus seine Kirche haben möchte. Dazu braucht es eine biblische Lehre von der Gemeinde und auch eine klare Vorstellung ihrer Realisierung in der Gegenwart. Manche sprechen von einem *Gemeindeleitbild,* das wir entwerfen sollen. Das kann tatsächlich hilfreich sein. Also, nehmen wir an, dass wir *wissen,* was zu tun ist.

Gelegentlich müssen wir uns fragen, ob wir überhaupt *wollen.* Wollen wir Gemeinde sein, Gemeinde bauen, Gemeinde entwickeln? Wollen wir wirklich mit Entschiedenheit in die Tat umsetzen, was wir als biblisch richtig erkannt und in einem Leitbild festgehalten haben? Gehen wir einmal davon aus, dass wir *wollen!*

Nun stellt sich die Frage, ob wir das auch *können.* Können wir die Gemeinde verwirklichen, von der wir *wissen,* dass sie Gottes Plan entspricht? Das mit dem Können ist etwas kompliziert. Unser deutsches Wort *können* hat zwei Bedeutungsdimensionen: Einmal heißt es können im Sinn von Fertigkeiten. Haben wir die Kenntnisse, Begabungen, Werkzeuge und Methoden, um Gemeinde zu bauen? Haben wir das »Know-how« für den Gemeindeaufbau? Beherrschen wir das Handwerk des Gemeindebaus, so wie der Bauer im Gleichnis das Handwerk des Landwirts beherrscht?

Nun sehen wir im Gleichnis aber auch, dass das Handwerk allein nicht ausreicht. *Kann* der Bauer Frucht hervorbringen? Nein! Es heißt: Er weiß nicht, wie das geschieht. Und: Es geschieht von selbst. Es ist ein Geheimnis. Hier hat das Wort *können* die Bedeutung von Macht haben, etwas hervorzubringen. Haben wir die Macht, Gemeinde hervorzubringen? Wir müssen wohl sagen: Nein! Dass Menschen in ihren Herzen angesprochen werden und sich Jesus vertrauensvoll zuwenden, dass Menschen in ihrem tiefsten Wesen verändert werden, dass Versöhnung geschieht, dass Liebe praktiziert wird, dass Menschen mutig den Glauben im Alltag bezeugen, dass zerbrochene Leben geheilt werden, dass Frieden und Gerechtigkeit sich breit machen, das alles liegt im tiefsten Wesen jenseits des Machbaren. Dass es dennoch geschieht, ist ein Geheimnis, ein Wunder.

Das Geheimnis hat einen Namen: Die Kraft des Heiligen Geistes. Und in der Kraft dieses Gottesgeistes ist Jesus selbst gegenwärtig. *»Ich werde meine Gemeinde bauen«,* hat er seinen Jüngern gesagt (Matthäus 16,18). Und zu einem anderen Zeitpunkt: *Ohne mich könnt ihr nichts ausrichten* (Johannes 15,5). Im Zusammenhang mit der Sendung seiner Jünger spricht Jesus immer auch von der Ausrüstung durch die Kraft Gottes. Bei Lukas (Lukas 24,49; Apostelgeschichte 1,8) und Johannes (20,22) redet er vom Geist Gottes, der ausgegossen werden soll. In Matthäus 28,20 ist es der Satz: *Ich bin immer bei euch, jeden Tag, bis zum Ende der Welt.*

Wie auch immer: Ohne die Kraft Gottes, die im Heiligen Geist, im gegenwärtigen Christus wirksam wird, fehlt der Verwirklichung von Gemeinde das alles entscheidende *Können.*

Auf die Frage, ob und wie wir Gemeinde nach dem Neuen Testament verwirklichen könnten, antwortete Arnold Bittlinger: »... *Nein.* Diese Möglichkeit haben wir nicht.

Gemeinde Christi ist eine geistliche Größe, die unserer menschlichen Verfügbarkeit entnommen ist. Charismatische Gemeinde zu bauen, liegt nicht im Bereich menschlicher Möglichkeiten, das hat sich der Heilige Geist vorbehalten.«

In der Praxis heißt das, so Bittlinger: »Für alle Gemeindeglieder, einschließlich Pfarrer, gilt, dass wir unsere natürlichen Gaben immer wieder neu Gott übergeben und uns in gar keiner Weise auf unsere Begabungen und Talente, auf unser Können und Wissen verlassen, sondern ständig neu mit leeren Händen vor Gott stehen. Charismen brechen nur dort auf, wo wir mit unserer eigenen Weisheit am Ende sind.«

Deshalb: »Man kann einen Verein organisieren; man kann ihn zum Blühen bringen durch Aktivität und Propaganda. Gemeinde Jesu kann nicht von Menschen gebaut werden. Sie

!mpuls:

lebt von der Gnade Gottes – und diese Gnade wird sichtbar im Charisma« (Arnold Bittlinger, *Die Bedeutung der Gnadengaben für die Gemeinde Jesu Christi.* Verlag Dr. R. F. Edel, Marburg 1964, S. 16 und 19).

Arnold Bittlinger lenkt unsere Gedanken auf zwei grundlegende Wahrheiten:

1. Gemeinde sein und Gemeindeaufbau sind mit der Erfahrung von *Ohnmacht* verbunden. Das Wesentliche, das Entscheidende können wir nicht leisten. Wir können viel dazu beitragen. Wir sind Gottes Mitarbeiter, wie Paulus in 1. Korinther 3,9 sagt. Wir können und sollen uns theologisch darüber Klarheit verschaffen, was Gemeinde ist, damit wir *wissen.* Wir sind auch herausgefordert, Entscheidungen zu treffen und zu *wollen.* Und schließlich sollen wir alle zur Verfügung stehenden Fertigkeiten erwerben und einüben, damit wir es so gut wie möglich *können.* Es soll nicht daran fehlen, dass wir das Menschenmögliche tun. Aber eben: Damit ist noch kein geistliches Leben erweckt, keine neue Schöpfung hervorgebracht! Wenn es um das Letzte geht, dann sind wir ohnmächtig.

Ich musste in meinem Leben lernen, diese Dimension der Gemeindeverwirklichung zu erkennen und anzunehmen. Ich bin eher ein Macher-Typ. Ich genieße es, wenn es etwas zu tun gibt, wenn man etwas lernen, anpacken und verwirklichen kann. Ich liebe Gemeindearbeit und ich meine, dass ich gelernt habe, manches auch recht gut zu können. Ich predige leidenschaftlich gerne. Ich liebe es, zu lehren und zu leiten, zu planen und zu entwickeln. Ich liebe es, in der Gemeinde mitzuarbeiten, weil ich all diese Dinge gerne tue.

Die Wirklichkeit, dass dennoch vieles nicht gelungen ist, die habe ich lange Zeit gar nicht geliebt. Die Erfahrung der Ohnmacht war mir lästig. Hatte es damit zu tun, dass ich die Dinge gerne unter Kontrolle hatte? Aber das Wesentliche am Gemeindeaufbau entzieht sich meiner Kontrolle.

Ob durch meine gut vorbereitete und leidenschaftlich vorgetragene Predigt hindurch überhaupt nur ein einziger Mensch von Gott angesprochen wird und auf diese Anrede Gottes aus tiefstem Herzen antwortet – das liegt jenseits meines Einflussbereiches. Ob durch mein Lehren und Leiten, Reden und Planen Menschen geistlich gefördert werden, ob dadurch

Heil und Heilung in Menschenleben, in Ehen und Familien, ja in unsere Gesellschaft hinein fließen, das alles *kann* ich nicht bewirken. Es hat etliche Jahre gedauert, bis ich gelernt hatte, diese Ohnmacht anzunehmen.

Denn es ist diese Erfahrung der Ohnmacht, die mich zwei Dinge gelehrt hat: Abhängigkeit von Gott und Entlastung. *Es ist seine Gemeinde und er baut seine Gemeinde durch die Kraft seines Geistes.* Heute weiß ich: Es ist gut, dass wir in der Verwirklichung von Gemeinde viel Ohnmacht erleben.

2. Der Text von Arnold Bittlinger leitet unsere Gedanken aber noch zu einem anderen Thema: Die Kraft des Geistes Gottes wird im *Charisma* wirksam. Aus der Ohnmacht heraus wächst die Bereitschaft, den Kraftwirkungen des Heiligen Geistes zu vertrauen. Die so genannten *Charismen,* von denen Paulus in 1. Korinther 12–14 am ausführlichsten spricht, sind Kraftwirkungen Gottes, die uns zum Dienst aneinander als Geschenke Gottes zufließen (1. Korinther 12,4–6). Das Erstaunliche ist, dass jede und jeder in der Gemeinde Kanal dieser göttlichen Kraft sein kann. Alle sind von Gott begabt, zum Aufbau der

Gemeinde etwas beizutragen. Das ist wirklich ein Geheimnis, ein Wunder – und das muss Auswirkungen auf unser Verständnis und unsere Praxis von Gemeinde haben.

Rudolf Bohren hat es einmal so gesagt: »Die Gemeinde Jesu Christi ist nach dem Neuen Testament also nicht eine Schar von Schwachbegabten, sondern ein Chor von Talenten, die sich zu entfalten haben, ein Orchester, in dem jeder sein besonderes Instrument spielt, eben die Geistesgabe, die ihm zuteil wurde und ihn in den Dienst stellt« (Rudolf Bohren, *Dem Wort folgen. Predigt und Gemeinde.* Siebenstern Taschenbuch, München/Hamburg 1969; Erstauflage im Zwingli Verlag, Zürich 1963, S. 156).

Ich liebe die Gemeinde, weil sie ein Wunder ist: Wir tun unser Bestes als Mitarbeiterinnen und Mitarbeiter Gottes. Wir werfen all *unser Können* in die Waagschale – und *können* das Wunder der neuen Schöpfung dennoch nicht hervorbringen. Das ist der Kraft des kreativen (= schöpferischen) Geistes Gottes vorbehalten. Ohnmächtig, staunend und dankbar sind wir Zeugen dessen, was Gott tut. Wie der Bauer im Gleichnis wissen wir oft nicht, wie es geschehen ist – es geschieht von selbst *(automatae,* wie es im griechischen Text wörtlich heißt).

6. Weil sie eine globale Bewegung ist

Während ich dieses Büchlein schreibe, genieße ich einen Sabbat- und Studienurlaub. Das heißt geistige und geistliche Erfrischung, Weiterbildung und Horizonterweiterung. Ich habe selten in meinem Leben innerhalb so kurzer Zeit in so vielen verschiedenen Ländern mit so vielen unterschiedlichen Christen Gottesdienst gefeiert. Ich schreibe diese Kapitel in Südamerika, wo ich zusammen mit meiner Frau zweieinhalb Monate verbringe. Wir begegnen deutschstämmigen Mennoniten, die vor 75 Jahren aus der Sowjetunion kamen und sich hier ansiedelten. Wir haben mit Indianern Gottesdienst gefeiert und mit Paraguayern. Wir waren in Peru und haben in Lima und Trujillo mit peruanischen Christen Gottesdienst gefeiert. Vor wenigen Monaten saß ich am Internationalen Baptistischen Theologischen Seminar in Prag, sprach mit vielen Studierenden, Gemeindeleitern und Theologen aus den Ländern der früheren Sowjetunion und aus Zentral- und Osteuropa. Wenige Monate davor durfte ich in Elkhart/USA ein theologisches Seminar besuchen, an einem Gemeindegottesdienst teilnehmen und auf einer Konferenz in einer internationalen Gemeinschaft Gott loben. Mehrere Wochen habe ich an der Akademie für Weltmission in Korntal/Stuttgart verbracht. Auch hier: Gottesdienste, Unterricht und Austausch in einer internationalen Gemeinschaft. In Basel habe ich an einem Gespräch teilnehmen können zwischen Verantwortlichen von Schweizer Kirchen und Missionen mit Leitern so genannter Immigrantengemeinden. Und schließlich hatte ich das Vorrecht, im Rahmen des *Global Christian Forum* an einer Konsultation von Kirchen und Gemeinden am Syrisch-Orthodoxen Kloster in Warburg teilzunehmen. Vertreter verschiedenster kirchlicher Traditionen sprachen miteinander über die gemeinsamen Herausforderungen in einem nachchristlichen Europa.

In all diesen Situationen war viel Sprachkenntnis und viel Übersetzungsarbeit nötig. Die Kommunikation über Sprach- und Kulturgrenzen hinweg ist nicht immer einfach. Noch schwieriger war gelegentlich das Gespräch über theologische Differenzen und Grenzen hinweg. Der einende Grundton war aber immer klar: *Wir bekennen uns zu demselben Herrn. Wir sind in dem einen Geist Gottes verbunden. Wir beten und singen zu demselben Gott.* Selten ist mir so eindrücklich bewusst geworden, wie sehr die Gemeinde von Jesus Christus eine globale, internationale, transkulturelle Bewegung ist. Wenn ich oben gesagt habe, dass ein Sabbat- und Studienjahr auch der Horizonterweiterung dienen soll, da ist sie! Die Erfahrung einer weltweiten Gemeinschaft von Christinnen und Christen, die dem einen Herrn dient und in seiner Mission steht. Ich liebe die Gemeinde, weil sie eine globale Bewegung ist, die alle Grenzen durchdringt, seien sie sprachlich, national, ethnisch oder kulturell.

Das ist die Vision, die uns in Epheser 2,11–22 vor Augen gemalt wird. Hier wird für die Kirche das große Wort *neue Menschheit* verwendet (wörtlich *neuer Mensch,* aber mit kollektiver Bedeutung). Die Gemeinde Jesu ist die *neue Menschheit!* Einen umfassenderen Begriff gibt es nicht. Das Alte Testament hat den Begriff *Volk* verwendet. Neben der kleinen Einheit der Familie bzw. des Hauses steht die große Einheit

Volk. Auch das Neue Testament braucht dieses Wort gelegentlich (z. B. 1. Petrus 2,9–10). Doch der Begriff *Volk* hat immer noch die Konnotation von ethnisch, völkisch, kulturell, national. Wenn man mit Petrus von der Gemeinde als Gottes Volk spricht, muss man immer gleich hinzufügen: Nicht ein ethnisches Volk, sondern ein alle Völker durchdringendes; nicht ein nationales Volk, sondern ein alle nationalen Grenzen überschreitendes; nicht ein kulturelles Volk, sondern ein transkulturelles und multikulturelles Volk. Der Begriff *neue Menschheit* ist ungleich weiter und umfassender. Das ist die Gemeinde: Der Anbruch der *neuen Menschheit!*

Und diese neue Menschheit ist ein Schöpfungswerk. Jesus Christus hat durch sein Erlösungswerk als Akt der Neuschöpfung die neue Menschheit hervorgebracht. Und dieser Schöpfungsakt ist vor allem ein Versöhnungsakt: *Er (Christus) ist unser Friede. Er hat aus den beiden (hier Juden und Nichtjuden) eins geschaffen. Er hat die trennende Wand weggenommen ... Er hat die beiden als Friedensstifter zu* einer neuen Menschheit *umgeschaffen und die beiden in* einem *Leib, durch den Tod am Kreuz mit Gott versöhnt ...«* (nach Epheser 2,14–15). Wir haben diesen Text so oft einseitig individualistisch und vertikal gebraucht: Jesus ist mein persönlicher Erlöser, der zwischen mir und Gott Frieden gestiftet hat. Aber hier geht es doch um viel mehr: Das Erlösungswerk Jesu bringt eine neue *Menschheit* hervor – nicht nur neue Menschen! Jesus ist dafür gestorben, dass die Trennwände zwischen Kulturen und Ethnien, zwischen Völkern und Nationen niedergerissen werden und Versöhnung stattfindet. Das Schöpfungswerk von Jesus Christus ist eine neue, *versöhnte* Menschheit.

Im damaligen Kontext ging es natürlich um das Miteinander von Juden und Nichtjuden (Heiden) in der Kirche. Es hatte sich nämlich eine Denkweise breit gemacht, die Paulus vehement bekämpfen musste. Viele der ersten Missionare und Gemeindeleiter – die ja alle Juden waren – hatten folgende Vorstellung: Ja, Nichtjuden (Heiden), dürfen zur Gemeinde hinzukommen, aber sie müssen (kulturell, religiös) Juden werden. Der Grundsatz lautete etwa so: *Heiden müssen Juden werden, wenn sie Christen werden wollen.*

Paulus sah das ganz anders. Gott hatte ihm gezeigt, dass die Vision für die Kirche viel weiter ist. Er nennt es das *Christusgeheimnis* (z. B. Epheser 3,1–10). Dieses Christusgeheimnis besteht eben gerade darin, dass Juden und Heiden durch Christus versöhnt in der Gemeinde der Anbruch der neuen Menschheit sind. Die These des Paulus lautet deshalb: *Heiden müssen keine Juden werden, wenn sie Christen werden wollen!* Dafür hat er gekämpft – der Galaterbrief zeugt von der Vehemenz dieser Debatte in der frühen Kirche.

Die Bedeutung dieser von Paulus vorgetragenen Sicht der neutestamentlichen Gemeinde kann nicht genug betont werden:

1. Wenn heute von Globalisierung die Rede ist, sollten wir nicht vergessen, dass mit der christlichen Kirche seit 2000 Jahren eine globale, transnationale, interkulturelle Bewegung existiert. Schon allein der Begriff *neue Menschheit* ist ja ein ungeheurer Anspruch: Jenseits aller menschlicher Gruppierungen – Sippen, Ethnien, Völker, Nationen, Staaten – gibt es eine alle diese Gruppen durchdringende Bewegung: Die Gemeinde Jesu! Ja, noch mehr: Inmitten aller Spannungen, Konflikte und Kriege zwischen Sippen, Ethnien, Völkern, Nationen, Staaten existiert eine Bewegung, welche Versöhnung über alle Grenzen hinweg kennt und lebt.

Zugegeben, die Kirche ist ihrer hohen Berufung in dieser Sache nur selten gerecht geworden. Die Gemeinde Jesu hat sich immer wieder vor den Karren völkischer, kultureller und nationaler Interessen spannen lassen. Sie hat zu oft den nationalen und völkischen Kräften höhere Priorität beigemessen als ihrer Berufung, neue Menschheit zu sein. Sie hat dadurch nicht nur ihren Retter und Herrn verleugnet, der – so Epheser 2 – gerade dafür sein Leben gegeben hat, sie hat dadurch auch ihre Glaubwürdigkeit weitgehend verspielt.

Im Hinblick auf die gegenwärtig erneut zu beobachtende Tendenz auf der Weltbühne hin zum Lokalen, Völkischen, Ethnischen und Nationalen wird sich weisen müssen, ob die Kirche reifer geworden ist. Ist sie nicht da und dort erneut in der Gefahr, einen geistlich-christlich verbrämten Ethnozentrismus, Nationalismus und Regionalismus zu fördern? Wo immer mit biblischen Argumenten die Bedeutung von Volk, Rasse und Nation auf Kosten einer Vision der neuen Menschheit betont wird, müssen bei jedem, der Epheser 2 kennt, die Alarmglocken ausgelöst werden!

2. Auch in der Mission ist die Sicht einer globalen Kirche von ungebrochener Bedeutung. Einmal kann die Gemeinde von Jesus Christus von Matthäus 28,19 und Apostelgeschichte 1,8 her nicht ruhen, bevor das Evangelium von Jesus Christus zu allen Völkern und bis ans Ende der Erde gebracht ist. Die Vision einer globalen, alle Völker und Kulturen durchdringenden Kirche ist im Neuen Testament nicht die Beschreibung der Wirklichkeit, sondern Zielvorgabe für eine Mission!

Dabei darf aber Epheser 2 nicht aus den Augen verloren werden. Zu oft hat die Kirche in der Missionsgeschichte genau das praktiziert, wogegen Paulus gekämpft hat: Südamerikaner müssen spanische Katholiken werden, wenn sie Christen werden wollen. Afrikaner müssen Europäer werden, wenn sie Christen werden wollen. Und manchmal gar: Europäer müssen Amerikaner werden, wenn sie Christen werden wollen. Das Muster ist immer dasselbe: Eine Kultur hält sich für *die* christliche und versteht ihre Mission darin, Menschen anderer Kontinente, Völker und Kulturen zum eigenen Kulturchristentum zu bekehren.

Gott sei Dank ist das Problem in der Missionstheorie seit langem erkannt und die Missionsausbildungen bereiten Menschen auf eine sensiblere und kulturbewusstere missionarische Arbeit vor. Aber wie so oft: Bis sich solche neuen Einsichten auch im Alltag der Missionsarbeit durchgesetzt haben, dauert es lange. Noch sind diesbezüglich nicht alle Hausaufgaben gemacht.

3. Der Gegenpendelschlag zu einer unsensiblen Mission, welche Menschen zu einer bestimmten »christlichen« Kultur bekehren will, ist das Bestreben, Gemeinden in geschlossenen und homogenen kulturellen Einheiten zu bilden. Soziologische Untersuchungen haben schon vor vielen Jahren gezeigt, dass junge Gemeinden dann am erfolgreichsten zu bilden sind, wenn Menschen in ihrer Kultur Gottesdienste feiern und Gemeinde bauen können. Die strategische Schlussfolgerung lautet deshalb: Den Menschen keine fremde Kultur von außen aufdrängen und sie auch nicht in multikulturelle Gemeinden hineinzwängen. Solche Einsichten haben sicher ihren Platz in missionsstrategischen Überlegungen. Sie müssen aber immer kritisch von Epheser 2 her beleuchtet werden: Die neue Menschheit ist nicht eine in ethnische Gruppen und kulturelle Einheiten aufgespaltete Größe, sondern eben gerade die Schöpfung einer neuen

Gemeinschaft in versöhnter Verschiedenheit. In einem immer multiethnischer und multikultureller werdenden Europa liegt da noch viel spannendes Land vor uns, das eingenommen werden muss. Nicht nur isolierte deutschsprechende, englischsprechende, türkische, spanische, italienische, portugiesische, chinesische, indische, vietnamesische, französisch-afrikanische und lateinamerikanische Gemeinden sind die Vision für Europa, sondern interkulturelle Gemeinden, die etwas von der Vision einer versöhnten neuen Menschheit widerspiegeln.

Persönlich war für mich vor vielen Jahren die Vision einer neuen, versöhnten Menschheit in Epheser 2 eines der tragenden Argumente für meine Wehrdienstverweigerung. Als ich, um eine persönliche Antwort in dieser Frage ringend, vor dem Hintergrund von Epheser 2 Geschichten aus dem ersten Weltkrieg las, war ich tief betroffen. Im Elsass lagen sich damals deutsche und französische Menschen – viele von ihnen Christen! – in den Schützengräben gegenüber und bekämpften sich im wahrsten Sinne bis aufs Blut. Und dann las ich von jenem Weihnachtsabend, als eine Feuerpause vereinbart wurde. In einem Schützengraben begann man Weihnachtslieder zu singen. Die Fronten waren so nahe zusammen, dass man es auf der anderen Seite hören konnte. Und siehe da: Die »Feinde« stimmten in den Gesang ein. Man sang vom Heiland, der in die Welt gekommen war. Vom Evangelium. Von der Erlösung. Und dann knallte man sich wieder ab.

Mir kommen heute noch, wenn ich das niederschreibe, Tränen, wenn ich daran denke, was da geschah. So etwas ist ein Schlag ins Gesicht des Christus, von dem es in Epheser 2,14–15 heißt, dass er gerade dafür sein Leben gelassen habe, um Versöhnung in der neuen Menschheit zu schaffen. Wie oft hat die Gemeinde ihren Herrn dadurch verraten, dass im Namen nationaler Interessen Brüder auf Brüder geschossen haben?

Als ich das das erste Mal las, stand für mich innerlich fest: Ich werde nie in einer Armee dienen und mich dazu ausbilden lassen, eines Tages mein Gewehr auf meine Brüder anderer Nationen und Völker richten zu müssen. Die neue Menschheit, für die Jesus sein Leben investiert hat, ist mir unendlich viel wichtiger als alle möglichen nationalen und völkischen Interessen.

Ich weiß viele Jahre später auch, dass die Fragen um Wehrlosigkeit, Friedenszeugnis und Staatsgewalt sehr viel komplexer sind, als mir das damals bewusst war. Und ich bin mir im Klaren, dass mit der Verweigerung des Militärdienstes noch längst nicht alle Fragen und Probleme um Gerechtigkeit und Frieden gelöst sind. Und dennoch: Von Epheser 2 her würde ich heute noch gleich entscheiden. Wer immer als Christ in einer Armee dient, wird Jesus im Lichte von Epheser 2,14–15 in die Augen schauen müssen.

7. Weil Jesus sie liebt

Nun stelle ich zum Schluss eine Frage, die ich vielleicht schon längst hätte klären sollen: *Welche* Kirche liebe ich denn? Ich meine nicht, welche Konfession oder Denomination, oder welche lokale Gemeinde. Ich meine folgendes: Liebe ich das Ideal der Gemeinde Jesu, sozusagen eine Traumkirche? Oder liebe ich eine ganz konkrete, real existierende Kirche oder Gemeinde? Ich muss eingestehen: Ich liebe beide!

1. Ich habe in den vorangegangenen sechs Kapiteln das Bild von Gemeinde skizziert, wie ich es in der Bibel finde. Oft habe ich Vorträge gehalten zum Thema: »Wie hat Jesus Gemeinde gewollt?« Meine Begeisterung für den biblischen Entwurf von Gemeinde ist ungebrochen. Ich nenne ihn oft das »Projekt Gottes«.

In Kapitel 1 dieses Büchleins habe ich gezeigt, dass Jesus durch die Gemeinde und in der Gemeinde seine Liebe zu den Menschen kundtut. In der Gemeinde ist Jesus gegenwärtig!

In Kapitel 2 haben wir uns wie eine Art Film die Heilsgeschichte angesehen: Vom alttestamentlichen Gottesvolk bis zur neutestamentlichen Gemeinde. Die Gemeinde ist Gottes Projekt einer neuen Menschheit. In der Gemeinde bricht das an, was Jesus »Reich Gottes« nennt – eine neue Lebensmöglichkeit in der Beziehung zum Schöpfer. Das ist Leben! Das ist eine Mission! Da lohnt sich volles Engagement!

Kapitel 3 sprach von unserer Entscheidung – für Jesus und für seine Gemeinde. Teil der Gemeinde von Jesus zu sein, ist freiwillig. Niemand wird hinein geboren oder hineingedrängt. Aber uns allen gilt die Einladung: Willst du Teil des großen Projekts Gottes werden, das »neue Menschheit« heißt? Wir dürfen verbindlich in die »Bundesgemeinschaft« der Gemeinde eintreten.

In Kapitel 4 skizzierte ich die Gemeinde als gelebte Einander-Gemeinschaft. Ein Ort, an dem man Freunde findet – ja noch mehr: Brüder und Schwestern einer neuen Familie. Solche

Gemeinschaft ist ein Ort, an dem man geborgen ist und getragen wird.

Dann haben wir in Kapitel 5 davon gesprochen, dass die Gemeinde ein Werk des Heiligen Geistes ist. Geheimnisvoll wächst sie und wird erhalten durch die Kraft Gottes. Die Gemeinde ist ein Wunder!

Und schließlich kam in Kapitel 6 die globale und internationale Dimension der Gemeinde zur Sprache. Sie ist die neue Menschheit, in der Menschen aller Völker und Nationen versöhnt den einen Herrn und Retter anbeten. Was braucht unsere Welt dringender als ein solches Hoffnungszeichen?

Das ist die Gemeinde, die ich liebe! Aber dann sage ich auch noch das:

2. Seit Jahrzehnten bin ich Mitglied ganz konkreter lokaler Gemeinden. Ich arbeite engagiert mit – nicht nur auf lokaler Ebene, sondern auch auf der Ebene von Gemeindeverbänden und über »meine« Denomination hinaus. Was ich da Tag ein, Tag aus sehe und erlebe, ist nicht selten mehr oder weniger weit von dem entfernt von dem, was ich eben als das »Projekt Gottes« beschrieben habe. Auch mein eigenes Leben! Nicht, dass das alles nur negative Erfahrungen

wären mit »schlechten« Gemeinden. Im Gegenteil, ich erlebe viel Freude in meiner Arbeit in christlichen Gemeinden. Und dennoch bleiben alle Gemeinden, die ich kenne, mehr oder weniger weit hinter dem oben skizzierten Bild zurück. Das ist gelegentlich auch frustrierend.

Manchmal sind es sehr schwierige Wirklichkeiten: Gemeinden, die durch interne Konflikte völlig gelähmt sind; traditionalistische Gemeinden, die nur rückwärtsgewandt funktionieren; Gemeinden, die sich zwar missionarisch abmühen und dennoch stagnieren oder gar schrumpfen; Gemeindeleitungen, denen es an elementarsten Kenntnissen von Führungsprinzipien fehlt; Kirchen, in denen Frauen immer noch kaum etwas zu sagen haben; Kirchen und Denominationen, die sich wegen Traditionen und theologischen Kontroversen spalten; und gar Gemeinden, die aufgelöst werden müssen.

Oder im Hinblick auf die Gesamtheit der Kirche: Viel Streit und theologische Kontroversen; endlose Spaltungen in der Geschichte; mehr Gegeneinander als Miteinander – teilweise bis heute; Absonderung, Rechthaberei und Besserwisserei – alles andere als Einheit und Liebe zum Zeichen für die Welt (Johannes 13,35; 17,21).

Oder auf der größeren geschichtlichen Bühne: Kirchen, die mit den Machthabern kooperiert haben; Kirchen, die Kreuzzüge durchgeführt haben; Kirchen, die reich und mächtig geworden sind; Kirchen, die Ungerechtigkeit und Krieg »gesegnet« haben; Kirchen, welche zur Vernichtung der Juden geschwiegen haben; Kirchen, die sich Nationalismus und Patriotismus unterordnen, und die noch heute die Kriege ihrer Staatsoberhäupter unterstützen.

Und nun habe ich oben gesagt, dass ich auch *diese* Kirche liebe?! Kann das wahr sein? Kann man die real existierende Kirche mit all ihren Defiziten wirklich lieben? Ich musste es lernen. Dietrich Bonhoeffer und Paulus haben mir dabei geholfen.

In Dietrich Bonhoeffers Büchlein *Gemeinsames Leben* bin ich vor vielen Jahren auf den markanten Satz gestoßen: »Wer seinen Traum von einer christlichen Gemeinschaft mehr liebt als die christliche Gemeinschaft selbst, der wird zum Zerstörer jeder christlichen Gemeinschaft, und ob er es persönlich noch so ehrlich, noch

!mpuls:

so ernsthaft und hingebend meinte« (Dietrich Bonhoeffer, *Gemeinsames Leben*. Chr. Kaiser, München [16]1979, S. 19).

Das hat mir zu denken gegeben. Könnte es sein, dass ich in einen Traum von Kirche sehr verliebt bin, aber die real existierende Gemeinde, in der ich lebe und arbeite, nicht liebe? Ja, dass ich sie vielleicht sogar hasse, weil sie dem Traum nicht entspricht? Die real existierende Gemeinde, in der ich lebe und arbeite, das sind aber in erster Linie Menschen, nicht Strukturen und Institutionen. Und könnte es sein, dass Bonhoeffer recht hat, dass ich letztlich mit dieser Haltung dem Gemeindeaufbau mehr schade, als dass ich diene? Diese Fragen haben mich herausgefordert. Die Spannung zwischen »meinem« neutestamentlichen Ideal und den Realitäten schien mir oft unüberbrückbar.

Zu einer gewissen Zuspitzung der Spannung kam es im Zusammenhang mit einer Gemeindeaussprache zu einem kontroversen Thema, die ich leiten sollte. Ich repräsentierte eine Gruppe der Gemeinde, die sich für zukunftsorientierte Neuerung stark machte. Doch der konservative Widerstand war erheblich. Ich ärgerte mich über die »Bremser« und bereitete mich darauf vor, wie ich an diesem Abend die Dinge in »unsere« Richtung lenken würde. Da stand mit einem Mal das Bonhoeffer-Wort wieder vor mir. Dazu der Text in 2. Korinther 5,14–17, wo Paulus davon spricht, dass er, von Christus her kommend, alle seine Brüder und Schwestern – auch die für ihn schwierigen – als »neue Schöpfung in Christus« sehen würde. Paulus (und das ganze Neue Testament) malt also nicht nur ein Idealbild von Gemeinde vor unsere Augen, sondern zeigt auch die Realitäten einer noch nicht vollendeten Kirche. Sie besteht aus konkreten Menschen. Und diese Menschen hat Paulus geliebt – versucht zu lieben, muss man wohl sagen.

Das hat mich zu folgender Aktion geleitet: Ich nahm das Adressverzeichnis unserer Gemeinde und ging in betender Haltung alle Namen der Reihe nach durch. Bei jedem Namen sagte ich halblaut: »Neue Schöpfung!« Bei manchen Namen musste ich zuerst zweimal schlucken, bis ich die Worte sagen konnte.

Seither ist mir eines bewusst: Die Gemeinde lieben heißt die Menschen lieben, mit denen zusammen ich hier und jetzt Gemeinde verwirkliche. Alles andere ist abgehobene Träumerei.

Ich bleibe also dabei: Ich liebe Gottes Vision der Gemeinde als neue Menschheit, in der Gerechtigkeit, Friede und Freude verwirklicht werden. Diesen Traum lasse ich mir nicht nehmen. Als Abraham daran zu zweifeln begann, dass Gottes Vision von einem großen Volk, durch das alle Völker gesegnet werden, je in Erfüllung gehen würde, lud ihn Gott auf einen Nachtspaziergang ein. Er zeigte ihm den Sternenhimmel und sagte zu ihm: »So zahlreich werden deine Nachkommen einmal sein!« Auch ich brauche solche Nachtspaziergänge mit Gott unter dem Sternenhimmel, in denen Gott in meinem Herzen seinen Traum für die Menschen wieder auffrischt.

Doch dann führt der Weg wieder zurück zu den ganz konkreten Menschen, mit denen zusammen ich Gemeinde bin. Gottes Vision beginnt damit Wirklichkeit zu werden, dass ich diese Menschen liebe. Mit all unseren Begrenzungen und Fehlern sind wir Gemeinde. Nicht, indem wir uns gegenseitig ständig mit vorwurfsvollem Ton ein Idealbild von Gemeinde um die Ohren schlagen, sondern indem wir uns sehr konkret lieben, achten und fördern. Ja, ich liebe »meine« Gemeinde.

Der Autor

Dr. Bernhard Ott, Jahrgang 1952, ist Dozent und Seminarleiter am Theologischen Seminar Bienenberg, Liestal (bei Basel) in der Schweiz. Er engagiert sich in verschiedenen Funktionen in Gemeinden – lokal, innerhalb täuferisch-mennonitischer Gemeindeverbände und darüber hinaus in anderen Kirchen und Denominationen, im deutschsprachigen Raum wie auch international. Mit seiner Frau Margrit lebt er in Liestal; gemeinsam haben sie vier erwachsene Kinder. www.bienenberg.ch

Veröffentlichungen (Auswahl)

Ott, Bernhard: *Schalom – das Projekt Gottes.* Agape, Weisenheim am Berg ²2007

Ott, Bernhard: *Wurzeln & Flügel. Schritte zu einem ganzheitlichen Wachstum.* arteMedia, Birsfelden/Basel 2004

Buchempfehlungen

Bilezikian, Gilbert: *Gemeinschaft. Gottes Vision für die Gemeinde.* Gerth Medien, Asslar ²2005

Bittner, Wolfgang J.: *Kirche – das sind wir. Von der Betreuungs- zur Beteiligungskirche.* Aussaat, Neukirchen-Vluyn ³2006

Bonhoeffer, Dietrich: *Gemeinsames Leben.* Gütersloher Verlagshaus, Gütersloh, [28]2006

Lind, Tim und Tshimika, Pakisa K.: *Teilen, was wir sind und haben. Als Kirche weltweit geben und empfangen.* Neufeld, Schwarzenfeld 2006

Pompe, Hans-Hermann: *Der erste Atem der Kirche. Urchristliche Hausgemeinden – Herausforderungen für die Zukunft.* Aussaat, Neukirchen-Vluyn 1996

Vanier, Jean: *Gemeinschaft heißt zu Hause sein.* R. Brockhaus, Witten 2001

Vanier, Jean: *In Gemeinschaft leben. Meine Erfahrungen.* R. Brockhaus, Witten 2006

7 Gründe: Grundlagen des Glaubens

ROLAND WERNER: **Jesus Christus**
7 Gründe, warum ich ihm nachfolge
ISBN 978-3-937896-30-4, Best.-Nr. 588.630

RUDOLF WESTERHEIDE: **Die Bibel**
7 Gründe, warum ich sie lese
ISBN 978-3-937896-32-8, Best.-Nr. 588.632

HEINRICH C. RUST: **Beten**
7 Gründe, warum ich es tue
ISBN 978-3-937896-31-1, Best.-Nr. 588.631

BERNHARD OTT: **Die Kirche**
7 Gründe, warum ich sie liebe
ISBN 978-3-937896-34-2, Best.-Nr. 588.634

UWE SCHÄFER: **Mitarbeiten**
7 Gründe, warum ich es tue
ISBN 978-3-937896-36-6, Best.-Nr. 588.636

KLAUS-G. PACHE: **Weitersagen**
7 Gründe, warum ich es tue
ISBN 978-3-937896-35-9, Best.-Nr. 588.635

NEUFELD VERLAG

*Broschur, 10,5 x 16,5 cm, ca. 80 Seiten,
je EUR [D] 5,90 • sFr 11,50 • EUR [A] 6,10*